Protección contra incendios

por Joshua Asa
ilustrado por Penny Carter

HOUGHTON MIFFLIN　　BOSTON

Era jueves por la mañana y Randy tenía muchas ganas de que empezara el colegio. Todos los jueves, el grupo de Randy tenía clase de gimnasia. Hoy estaban dando volteretas, su actividad favorita. Cuando Randy entró al colegio pensó en practicar la voltereta hacia atrás y la voltereta lateral. Esa mañana había estado practicando la voltereta lateral frente a sus papás antes del desayuno.

Pero cuando Randy llegó al gimnasio esa mañana, se sorprendió al ver las grandes colchonetas grises colocadas contra la pared. La señora Nelson estaba en un lado del gimnasio junto a dos bomberos. Llevaban puesto el uniforme y tenían distintos equipos en las manos.

—Buenos días, niños —dijo la señora Nelson—. Hoy vamos a tener una actividad especial. El jefe Jennings y la oficial Jones están con nosotros para hablarnos sobre protección contra incendios.

Randy se quedó con la boca abierta. Había esperado toda la semana para practicar las volteretas. Ahora no podría hacerlo hasta el jueves siguiente.

—¿Qué te pasa, Randy? —le preguntó Ingrid al verlo disgustado.

—¿Por qué tenemos que aprender sobre la protección contra incendios? —preguntó—. Eso no es divertido.

—A lo mejor no es divertido —contestó—. Pero es importante aprender sobre la seguridad. Hay muchas cosas que tienes que saber en caso de que haya un incendio.

—Tal vez —dijo Randy—. Pero prefiero dar volteretas. Puedo aprender sobre la protección contra incendios cualquier otro día.

—Niños —dijo la señora Nelson—. Quiero presentarles al jefe Jennings. Por favor, pongan atención. Tiene cosas importantes que contarles.

—Buenos días —dijo el jefe Jennings—. Hoy vamos a enseñarles a protegerse contra los incendios.

El jefe les describió a los niños algunas de las maneras en que empiezan los incendios. Primero, les dijo que no deben jugar con fósforos. Les dijo que los fósforos sólo los deben usar los adultos.

El jefe Jennings explicó que los calentadores eléctricos deben ponerse lejos de las cortinas y las camas. También explicó que los cables y los contactos eléctricos rotos pueden provocar incendios.

—Cuando lleguen a su casa revisen todo muy bien. Ustedes pueden ayudar a proteger a toda su familia contra los incendios —dijo el jefe Jennings, con una sonrisa.

Cuando el jefe Jennings terminó, Randy estaba esperando que todavía diera tiempo para la clase de gimnasia. Pero cuando la oficial Jones empezó a hablar, se dio cuenta de que ya no iba a ser posible.

La oficial Jones llevaba una alarma de humos.

—Se debería colocar una alarma en el techo de cada piso de la casa —explicó.

—Ahora aprendamos lo que hay que hacer si la ropa se prende fuego —dijo la oficial Jones—. Primero, necesitamos unas colchonetas. ¿Quién me ayuda a colocarlas en el suelo?

La señora Nelson vio a Randy. —Creo que a ti te va a gustar esto, Randy —dijo.

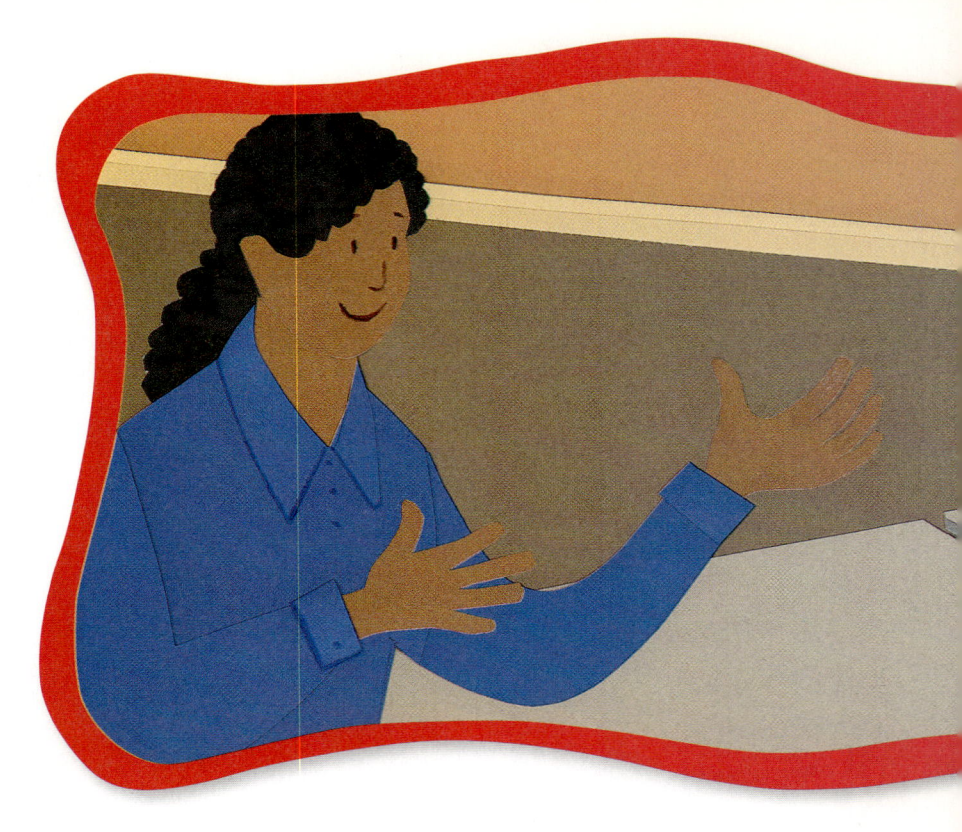

La oficial Jones y Randy pusieron las colchonetas una tras otra sobre el suelo.

—¿Alguien sabe qué hay que hacer si se le incendia la ropa? —preguntó la oficial Jones.

Nadie contestó.

—Primero, hay que dejar de moverse. No hay que correr. Después, hay que tirarse al suelo. Luego, hay que rodar en el suelo hacia delante y hacia atrás para apagar el fuego.

La oficial Jones enseñó al grupo la forma de tirarse al suelo y de rodar hacia adelante y hacia atrás.

—Randy, ¿quieres probar? —preguntó la oficial Jones.

—¡Claro! —dijo Randy. Era divertido. Casi tan divertido como dar volteretas.

—Bien hecho, Randy —le dijo la oficial Jones. Luego, invitó a los demás niños a practicar cómo rodar hacia delante y hacia atrás sobre las colchonetas, como lo había hecho Randy.

Al final de la charla, el jefe Jennings les explicó las rutas de escape. —Todos los edificios deben tener un plan de escape de incendios —dijo. Después, les enseñó un mapa de la escuela con una línea roja que mostraba la dirección que todos debían seguir para salir del edificio.

El jefe vio a Randy. —Randy, ya que rodaste tan bien, ¿nos puedes enseñar el camino para salir de la escuela?

Los niños formaron cola detrás de Randy. Cuando todos estuvieron listos y en silencio, Randy empezó a conducir al grupo fuera del edificio. Primero, salieron del gimnasio y pasaron frente a su clase. Después, pasaron en silencio por la biblioteca, la cafetería y la oficina del director. Por último, Randy condujo al grupo afuera del edificio.

—¡Excelente! —dijeron el jefe Jennings y la oficial Jones—. Ahora ya están preparados para un ejercicio ante una alarma de incendio de verdad.

Una vez afuera, Ingrid le dijo a Randy:

—Me parece que hoy aprendimos cosas importantes sobre protección contra incendios.

Randy asintió con la cabeza. —Sí —reconoció—. Pero yo también aprendí otra cosa.

—¿Qué cosa? —preguntó Ingrid.

—¡Que aprender sobre protección contra incendios también puede ser divertido! —dijo Randy.